NOTICE
HISTORICO-MÉDICALE
sur
LES NORMANDS;

PAR J. R. DUVAL,

DES CI-DEVANT COLLÉGE ET ACADÉMIE DE CHIRURGIE,
ACADÉMIE ROYALE DE MÉDECINE, ET DES SOCIÉTÉS DE
CELLE DE PARIS, DE CAEN, D'ÉVREUX, ETC.

> Sic nos patria nostra delectat.
> CICERO, *De Orat.*

PARIS,
J. B. BAILLIÈRE,
LIBRAIRE DE L'ACADÉMIE ROYALE DE MÉDECINE,
RUE DE L'ÉCOLE DE MÉDECINE, N° 13 BIS.

LANCE,
LIBRAIRIE DÉPARTEMENTALE ET ÉTRANGÈRE,
RUE DU BOULOY, N° 7.

1834.

T.3 20.

NOTICE

HISTORICO-MÉDICALE

SUR

LES NORMANDS;

PAR J. R. DUVAL,

MEMBRE DES CI-DEVANT COLLÉGE ET ACADÉMIE DE CHIRURGIE,
DE L'ACADÉMIE ROYALE DE MÉDECINE, ET DES SOCIÉTÉS DE
MÉDECINE DE PARIS, DE CAEN, D'ÉVREUX, ETC.

Sic nos patria nostra delectat.
CICERO, *De Orat.*

PARIS,
J. B. BAILLIÈRE,
LIBRAIRE DE L'ACADÉMIE ROYALE DE MÉDECINE,
RUE DE L'ÉCOLE DE MÉDECINE, N° 13 BIS.

LANCE,
LIBRAIRIE DÉPARTEMENTALE ET ÉTRANGÈRE,
RUE DU BOULOY, N° 7.

1834.

IMPRIMERIE DE J. GRATIOT,
Rue du Foin Saint-Jacques, maison de la Reine Blanche.

NOTICE

HISTORICO-MÉDICALE

SUR

LES NORMANDS[*].

Comme tous les peuples qui ont eu de la célébrité, les Normands ont fourni leur contingent à l'histoire; aussi devons-nous à celle-ci la connaissance de leur origine, de leur arrivée dans nos contrées et de leurs conquêtes. Elle a également arrêté nos regards sur leurs mœurs et leurs lois, mais elle ne nous a pas encore retracé ce qu'ils ont fait pour les sciences; on ne peut cependant pas douter que le domaine de celles-ci n'ait été cultivé par ces hommes du Nord, confondus avec les peuples de la Neustrie, auxquels ils ont trans-

---

[*] Cette notice a été lue en partie à la société de la Faculté de médecine de Paris en 1812.

mis leur nom. En attendant qu'une plume élégante s'empare de ce sujet, essayons de reproduire ici quelques notes recueillies au commencement du siècle sur ce que les Normands ont fait pour la médecine, sous le rapport de ce qui peut en rendre l'étude plus facile et son application plus utile à l'humanité.

Ce serait en vain, sans doute, qu'on chercherait si ces peuples ont bien mérité de la médecine dans ces régions boréales d'où ils sont venus. La première époque où s'arrêtent nos regards est celle où toutes les sciences, après avoir subi le sort de l'empire romain, commençant à refleurir en Italie, allaient de nouveau rentrer dans le chaos, lorsque les Sarrazins vinrent ravager cette contrée. Salerne, cette ville de la Pouille où la médecine était assez cultivée pour qu'on pût la désigner sous le nom de cité hippocratique, *civitas Hippocratica*, était sur le point de devenir la proie de ces dévastateurs, lorsqu'un des fils de Tancrède, Robert Guiscard, gentilhomme normand, à la tête d'une troupe de compatriotes qui se rendaient en Italie, parvint à délivrer cette ville et son territoire, ainsi que l'abbaye du mont Cassin, asile alors et des lettres et des sciences. Cet acte de valeur ne fut point oublié des habitants de Salerne; bientôt après, Robert Guiscard en devint le prince. Ainsi, comme en sauvant la ville les sciences furent conservées avec ceux qui les y cultivaient, Guiscard doit à nos yeux passer pour un des premiers protecteurs de la médecine en Europe : ce qui semble favoriser cette opinion, c'est l'empressement qu'il mit à fixer auprès de lui, en le comblant d'honneur, ce Constantin l'africain qui avait tant de célébrité en médecine, et dont Salerne s'honore.

Après la mort de Robert Guiscard, l'école de Salerne reçut un nouveau lustre de la part d'un autre descendant de Tancrède, lustre qui a pu faire croire qu'il avait été le fondateur de l'école de Salerne. Après avoir hérité de la principauté de cette ville, Roger II en confirma les priviléges, et fit en même temps promulguer, le premier dans l'Occident, une loi sur l'exercice de la médecine, ayant pour titre: *De probabili experientiá medicorum*. Renfermée dans peu de mots, on y reconnaît cet esprit de sagesse qui semble avoir dicté la plupart des lois normandes; aussi pénétré de son importnce, l'empereur Frédéric ne balança pas à la prendre pour type d'une loi qu'il rendit sur le même objet, avec des développements qui lui en ont fait reporter tout l'honneur auquel cependant Roger ne doit pas rester étranger.

Dans le même temps où les fils de Tancrède

portaient leurs armes triomphantes en Italie, la médecine ne fut pas moins favorisée par ce fier conquérant qui donna à l'Angleterre et de nouveaux habitants et de nouvelles lois: en retenant auprès de lui les hommes les plus instruits, il n'oublia point ceux qui possédaient des connaissances médicales, et entre autres Gilbert Maminot, qui fut tout à la fois évêque de Lisieux et son premier médecin. En Angleterre comme en Normandie, il facilita le progrès des sciences ; d'après un concile tenu à Rouen en sa présence, on régularisa la marche des études ; et, comme le rapporte Campden, les sciences, qui d'abord avaient été cultivées en Angleterre, et surtout à Oxford, ayant cessé de l'être pendant les incursions des Danois et des premiers Normands, reprirent une nouvelle vigueur à dater de la dynastie normande.

Quoique la médecine, plus connue dans ces temps sous le nom de *physique*, ne se trouve pas désignée parmi les sciences alors cultivées, on ne peut douter qu'elle n'y fût comprise ; il y avait des livres sur cette science dans les abbayes de la Normandie, et celle du Bec était renommée pour en posséder un grand nombre: alors aussi on entreprenait le voyage de Salerne pour étudier la médecine ; et parmi ceux qui firent ce voyage on cite Raoul de Mal-Couronne.

Sous le rapport médical, on ne doit point oublier les établissements que le duc Guillaume fit pour cent aveugles dans les villes de Caen, Rouen, Bayeux et Cherbourg; c'est un précepte de la science, de soulager comme de guérir. Ce trait de magnanimité, imité depuis par saint Louis, rappelle ici l'ingénieuse méthode qu'un normand, Daviel, a remise en vogue à la fin du siècle dernier pour rendre la vue à ces infortunés.

En parlant de ces établissements, peut-être conviendrait-il d'en citer beaucoup d'autres, destinés aux malades et infirmes, et dont la fondation est due aux soins généreux de divers particuliers, si les bornes de cette notice n'y mettaient un obstacle. Toutefois il importe de savoir que vers la fin du xe siècle les habitants de Cherbourg avaient fondé un hôpital pour les malades, et que long-temps avant un abbé de Saint-Vandrille, saint Ansbert, avait établi dans son abbaye trois hôpitaux, dont un pour les moines, un autre pour les domestiques et les pauvres, et le troisième pour les étrangers riches ; les souverains ne dédaignaient pas de s'y rendre, afin d'y recevoir tout à la fois les secours temporels et spirituels, ainsi que le rapportent les fastes de la Normandie.

Vers le milieu du xie siècle, l'école de Salerne publia les préceptes si connus sur l'hygiène ; mais à qui sont-ils adressés, et quel sentiment a pu en faire faire hommage à un roi d'Angleterre, si éloigné de Salerne? Rien ne parle en faveur de Robert, qui ne fut pas roi d'Angleterre, comme il devait l'être après la mort de son père. Ne doit-on pas plutôt présumer que la reconnaissance aurait porté l'école de Salerne à les dédier à Guillaume-le-Conquérant, soit comme chef d'une nation qui avai- donné des libérateurs au territoire de Salerne contre l'oppression des Sarrazins, soit comme protecteur des sciences, qui fleurissaient de nouveau tant à Oxford que dans les diverses abbayes de bénédictins qui étaient sous sa domination, et qui correspondaient avec celle du mont Cassin. Peut-être on en trouverait encore un autre motif dans les relations de Grégoire VII avec notre roi d'Angleterre, qu'il appelle la *pierre précieuse* et la *perle des princes*; enfin cette dédicace pourrait être aussi le résultat de la mission des divers ambassadeurs que ce souverain envoya chez les nations étrangères pour en apporter, comme le dit Jean de Salisbury, tout ce qu'ils y trouveraient de beau et de magnifique.

Ainsi s'établirent à l'ombre des lauriers les premières institutions normandes relatives à l'art de guérir; la science, toutefois, n'en retira alors que peu de fruit; le plus souvent renfermée dans les cloîtres, où n'ayant pour base aucune éducation soignée, il ne pouvait en être autrement : aussi, frappés de cet inconvénient, des hommes recommandables et riches, tout en formant des établissements en faveur de l'instruction, y fondèrent des places pour ceux de leurs compatriotes qui, n'étant pas fortunés, se destinaient à la médecine : tels furent entre autres Raoul de Harcourt en 1280, Gui de Harcourt en 1336, et Guillaume d'Estouteville en 1414; ces places étaient connues sous le nom de *Bourses*.

Il y en avait aussi dans le collége de maître Gervais, dont le nom rappelle celui du fondateur, Gervais Chrétien; né de parents pauvres dans un village près de Caen, il devint doyen de la faculté de médecine de Paris, et premier médecin de Charles V; c'est alors qu'il voulut que ceux qui ne seraient pas plus fortunés qu'il ne l'avait été dans sa jeunesse, pussent facilement s'instruire en médecine comme dans les autres sciences.

A cette époque aussi l'Université, toute soumise au régime ecclésiastique, ne voulant pas admettre pour médecins les laïques qui se livraient aux opérations chirurgicales, Jean Pitard, dont s'honore la ville de Domfront, sollicita et obtint de saint Louis l'établissement de la confrérie et du collége des chirurgiens de Paris. Ainsi, la sagesse normande arrêta les effets d'un mal qu'entraînait la fausse application d'un principe religieux ; bien certainement alors on était loin de croire que la judiciaire d'un autre normand (Thouret), soutenue par l'éloquence d'un de ses collègues, remettrait les choses dans leur état primitif, la médecine étant une et indivisible.

Il existait encore un autre abus dans l'ancienne Faculté de médecine de Paris. Dicté [par l'esprit dominant, un des statuts de la Faculté excluait de la régence tout médecin marié : aussi peu conforme à la raison qu'aux lois du sacerdoce, ce statut fut abrogé par le cardinal d'Estouteville, qui, pour cet effet, était muni des pleins pouvoirs du pape et de Charles VII ; par cette sage réforme, la Faculté eut l'avantage de voir briller dans la régence des hommes célèbres que le mariage en aurait exclus.

La Faculté de Montpellier, à la fin du siècle dernier, n'avait point encore oublié qu'elle était redevable à un seigneur normand, sous la domination duquel la ville se trouvait, et de la confirmation de ses privilèges, et de l'avantage de faire des cours publics d'anatomie. Un acte de Charles Ier, comte d'Evreux et roi de Navarre, en 1376, permet à cette Faculté de prendre tous les ans le cadavre d'un criminel pour servir aux démonstrations anatomiques qui, jusqu'alors, étaient faites sur les os pris dans les cimetières, ou sur les animaux. Utile pour la science, cet exemple ne manqua point d'être imité dans quelques universités et dans certaines villes où il existait un collége de médecins. Les chirurgiens jouirent d'une pareille faveur, et le même jour, en 1777, nous avons vu les magistrats de Caen accorder le corps de deux justiciés, l'un à la Faculté de médecine, et l'autre au collége des chirurgiens.

En parlant d'anatomie, rappellerai-je ici que J. Hérouard, né aux environs de Coutances, et premier médecin de Louis XIII, publia en 1599 des discours sur l'ostéologie du cheval comparée avec celle de l'homme, ou plutôt ne doit-on pas laisser à Vicq-d'Azir, de Valognes, l'honneur d'avoir fait le premier, à Paris, en 1773, des cours suivis sur l'anatomie comparée? Les travaux de ce dernier, propres à éclairer la médecine comme la physiologie, ont donné une vive impulsion à l'étude de l'anatomie comparée; et sans Vicq-d'Azir comme sans Buffon, nous n'eussions pas eu peut-être à déplorer aussi amèrement la perte de Cuvier.

De même, sans l'admiration et le vœu bien

prononcé de M. le professeur Desgenettes pour les pièces d'anatomie artificielles de Florence, le gouvernement français n'eût pas chargé Laumonier de former à Rouen des élèves pour la préparation de semblables pièces, et M. le professeur Ameline, avec une pâte de carton, n'eût pas confectionné un cadavre, de manière à en séparer et replacer à volonté les diverses parties dont se compose le corps humain, préparation qui a donné à M. Auzou l'idée de faire des moules pour livrer aux amateurs, ou le corps entier susceptible d'être également divisé, ou chacune de ses parties tirées du même moule.

Lorsque l'Université de Caen fut établie, en 1431, par un roi d'Angleterre, ne pourrait-on pas présumer que ce fut d'après le vœu des savants de cette ville? C'est ce qui paraît probable, d'après la démarche des États de la Normandie auprès de Charles VII, pour obtenir la conservation de cette institution après l'expulsion des Anglais, qui avaient envahi cette province. La Faculté de médecine fut instituée la dernière, mais il n'en sortit pas moins des hommes fort instruits. Les lois du concours observées pour le professorat conduisaient les élèves à de meilleures études. Aussi cette Faculté, après l'avoir sollicité de Louis XVI, eut-elle l'avantage de voir, en 1783, établir dans son sein la première chaire de médecine pratique en France.

La botanique aussi fixa d'une manière partilière l'attention de quelques Normands : pour en rendre l'étude plus facile et plus utile, ils mirent à profit les premiers essais de l'imprimerie, ainsi que de la gravure sur bois. En 1474, un chanoine de Rouen, Simon de la Porte, pour faire connaître les noms latins, grecs ou arabes, des plantes médicinales, eut recours à un imprimeur normand, Pierre Maufer, qui demeurait à Pavie; en 1509, Guéroult publia à Caen le petit Traité d'Aemilius Macer, avec un commentaire et des figures en bois. Dalechamps, dans son *Histoire générale des plantes* qu'il fit imprimer à Lyon, fut un des premiers qui mit en principe la classification des plantes. Plus tard, Callard de la Duquerie, professeur de la Faculté de Caen, Tiphaine de Laroche, Moisson de Vaux, un médecin de Rouen, et un amateur à Bayeux, consacrèrent chacun leur jardin à l'étude de la botanique; mais celui qui paraît avoir fait beaucoup pour la science, c'est le fils d'un médecin de Rouen, simpliste, comme il se qualifie, autrement dit botaniste : c'est Guy de la Brosse, aidé de son compatriote Hérouard, qui fut le créateur du Jardin royal des

Plantes, et en devint le premier intendant et le premier professeur de botanique : pouvait-il en être autrement, d'après le plan qu'il avait conçu de ce jardin, et surtout après l'avoir présenté aux ministres de Louis XIII, en 1626 ? Cinquante arpents de terre devaient être disposés et cultivés de manière que chaque plante y trouvât son sol natal ; champs, montagnes, prairies, grottes, eaux, fontaines et bois, tout devait s'y trouver et représenter le tableau fidèle de la nature en ce qui concerne les végétaux. Arrangé d'après ce plan, c'eût été un véritable jardin de botanique modèle, et il eût excité l'envie de nos voisins, si des vues plus générales ne l'eussent fait considérer, plus tard, comme partie d'un vaste établissement consacré à l'histoire naturelle : toutefois les frères Thouin, d'origine normande, ne s'attachèrent pas moins à retracer quelques compartiments du plan primitif, et même ils y en ajoutèrent pour les animaux de la ménagerie de Versailles, que Bernardin de Saint-Pierre eut l'art de sauver en obtenant la permission de les faire transporter dans ce jardin, qui prit alors le nom de *Muséum d'histoire naturelle*.

A la connaissance extérieure des plantes et de leurs parties ne se bornaient cependant pas les vues de Guy de la Brosse ; il la faisait précéder de quelques détails pratiques sur l'horticulture, et sur la physiologie et la pathologie des plantes; de même, il voulait qu'on s'occupât de la recherche des divers produits que donne la distillation des plantes, pour laquelle, dans le même jardin, il avait établi un laboratoire de chimie; là, sans doute, avec l'esprit d'analyse qui plus tard distingua les travaux des Lemery, des Rouelle, des Malouin, et de notre modeste Vauquelin, la chimie végétale y eût devancé l'époque des progrès qu'elle a faits de nos jours, si l'on n'eût pas changé la destination spéciale du Jardin royal des Plantes.

Un heureux hasard, sans doute, a pu donner une réputation de merveilleux à quelques fontaines, et notamment à celle de Sainte-Clotilde, près les Andelys, ainsi qu'à celle où le fondateur de l'abbaye du Bec recouvra la santé; mais la chimie pouvant seule éclairer sur la nature des eaux de ces fontaines, les médecins du pays ont distingué et recommandé les eaux minérales qui sourdent en divers lieux de la Normandie, et entre autres celles de Forges et de Bagnoles. L'Océan, où tout semble devoir s'engloutir, est aussi devenu pour ces médecins une piscine médicamenteuse, dont ils ont reconnu depuis long-temps les avantages à Dieppe, au Havre et à Luc, près Caen.

Enseignée depuis long-temps par démonstrations orales ou écrites, la physique n'offrait que peu d'attraits pour l'étude; Polinière, natif de Vire, en sent tous les inconvénients; il se livre à des expériences, les répète dans les colléges, et bientôt il est invité à faire un cours de physique expérimentale : ce fut le premier qui eut lieu à Paris, et l'on y vit accourir et la cour et la ville. Les expériences sur les animaux n'étaient pas celles qui offraient le moins d'intérêt, tous les phénomènes de la vie étant bien propres à captiver les sens de l'homme. Le même monde savant, entraîné plus tard par l'éloquence du Pline français, n'eut aussi rien de plus empressé que d'assister aux premières démonstrations qui eurent lieu à Paris sur l'histoire naturelle; et qui les faisait? un pharmacien que Rouen avait vu naître dans son sein, Valmont de Bomare.

Tel est donc cet esprit qui anime le normand dans l'intérêt de la science, qu'il s'empresse de communiquer ce qu'il apprend des autres ou par lui-même; esprit vraiment académique, qui se laisse apercevoir non seulement par les communications que faisait Huet, savant évêque d'Avranches, de tout ce qu'il apprenait de nouveau dans les sciences à l'aide de ses nombreuses correspondances, mais encore par cette petite société de la rue Saint-Jacques, à Paris, où se rendaient l'abbé de Saint-Pierre, Varignon, Fontenelle et un autre normand, société dont tous les membres, au dire de Fontenelle, se sont dispersés dans toutes les académies; esprit qui s'est surtout manifesté avant aucune institution légale, tant anciennement à Carentan, Rouen et Caen, que de nos jours dans quelques autres villes de Normandie.

Les belles-lettres comme les sciences exactes étaient l'objet de ces réunions, la médecine n'y était point oubliée; des savants mêmes, sans être médecins, s'en occupaient sous le rapport de la théorie ou de l'observation : parmi ceux-ci on voit deux hommes, vénérables dans l'Eglise comme dans les sciences, se livrer à des recherches propres à éclairer la médecine. Là, c'est un ancien curé de Neuilly-sur-Marne, J. B. Duhamel, natif de Vire, et secrétaire de l'Académie des sciences, qui suit les cours d'anatomie de Duverney, et qui, avec un scalpel qu'il lui emprunte, cherche à connaître la cause des phénomènes que présente l'homme physique et moral; ici, Huet non seulement prête son logis pour la chimie, la botanique, l'anatomie, et il sollicite l'ouverture des cadavres à l'effet d'y découvrir le siége et les effets de certaines maladies, mais encore, pour mieux connaître les phénomènes de la vision, il va jusqu'à disséquer lui-même plus de trois cents yeux, soit de l'homme, soit de divers animaux.

Mais, quand notre admiration s'est arrêtée sur ce que des Normands, médecins ou non, ont fait dans l'intérêt de la science et de l'humanité jusqu'à la fin du siècle dernier, combien ne doit-elle pas s'agrandir à la vue de deux établissements qui se sont élevés naguère dans la ville de Caen? Le premier, dû aux soins généreux de M. l'abbé Jamet, est pour l'homme presque brut ou de naissance, ou par accident; l'un, sourd-muet, vient y recevoir quelques parcelles de cette intelligence dont il n'avait aucune idée, et l'autre, maniaque, y recouvre cette même faculté qui semblait l'avoir abandonné : digne fruit de l'alliance de la religion et de la médecine! Le second établissement, commandé par l'insuffisance et surtout par l'insalubrité de l'ancien Hôtel-Dieu, où le soleil, s'il m'en souvient encore, ne se montrait presque jamais, est destiné à recevoir tous les malades, pauvres et riches, ces derniers à titre de pensionnaires : situé sur un coteau qui domine une vaste prairie que traverse la rivière d'Orne, cet hôpital jouit d'un des plus beaux points de vue de la France. Le malade y respire l'air le plus pur ; il sourit et se sent ranimé aux premiers rayons que le soleil levant darde sur son lit ou sur son fauteuil; promptement il y recouvre la santé, et, plein de vie en sortant de cet asile des malades, il se félicite d'y être entré. Joyeusement ensuite en marchant il répète : c'est vraiment ici le séjour de la santé.

Enfin, le dirai-je, dans tout ce qu'ils ont proposé ou fait pour l'étude et l'exercice de l'art de guérir, les Normands, avec cet esprit de sagesse qui distingue leur pays, semblent avoir senti, d'après Hippocrate, la nécessité d'une parfaite harmonie entre la médecine et la sagesse. Sous ce rapport comme par la science en elle-même, les Normands n'ont donc cessé de se montrer animés du feu sacré que leurs ancêtres, à des époques éloignées, reçurent du Dieu des Hyperboréens, dont le culte, suivant quelques historiens, fut transporté du Nord dans la Grèce; et ce Dieu était Apollon.

FIN.

www.ingramcontent.com/pod-product-compliance
Lightning Source LLC
Chambersburg PA
CBHW060441050426
42451CB00014B/3203